Dein kreatives Bullet Journal Materialbuch

Inhalt

Gestalte dein Bullet Journal

Ein Bullet Journal ist ein Organisationssystem, das sich an dein Leben und deine Bedürfnisse anpasst. Dabei ist das „BuJo" weit mehr als ein Notizbuch: Es begleitet dich bei der Planung, motiviert dich zum Einhalten deiner Vorsätze und erinnert dich an wichtige Aufgaben und wundervolle Erlebnisse. Du kannst darin all die schönen und wichtigen Momente deines Lebens festhalten.

Während das BuJo dir hilft, produktiver und strukturierter zu werden, lässt es dir alle kreativen Freiräume. Nicht nur inhaltlich bist du an keine Vorgaben gebunden – auch künstlerisch kannst du dich austoben und mit kleinen Grafiken, verschiedenen Schriftarten und unterschiedlichen Farben deine persönliche Note in dein BuJo bringen.

Mach dein Ding draus!

Dabei helfen dir die vielfältigen Sticker, Vorlagen und Alphabete in diesem Materialbuch.

Lass dich inspirieren und gestalte dein Bujo!

Wichtige Begriffe

Bullet Journal
Das Bullet Journal, auch „BuJo" abgekürzt, ist ein selbst gestaltetes Notizbuch. Der Name kommt von „Bullet Points", also Stichpunkten, und beschreibt die kurzen übersichtlichen Punkte, mit denen man sich Informationen im Bullet Journal notiert.

Journaling
Journaling nennt man den Prozess, wenn man ein Bullet Journal nutzt, also zum Beispiel neue Seiten gestaltet oder täglich etwas in seine Tracker einträgt.

Index
Wenn du viele Informationen in deinem Bullet Journal sammelst, kannst du dir einen Index anlegen. So findest du alles schnell wieder und behältst den Überblick. Notiere dir einfach die entsprechenden Seiten wie in einem Inhaltsverzeichnis.

Key
Wenn du zum Kennzeichnen verschiedene Elemente und Farben verwendest, macht das dein Bullet Journal übersichtlicher. Zum Beispiel kannst du ein „x" für erledigte Aufgaben setzen, einen Pfeil für verschobene Termine nutzen oder Notizen für die Arbeit in einer bestimmten Farbe machen. Notiere dir diese Zeichen an einem leicht auffindbaren Ort, damit du sie jederzeit nachschlagen kannst.

Spread
Spreads werden die gestalteten Doppelseiten genannt. Es gibt zum Beispiel Jahresübersichten (Yearly Spreads oder auch nur Yearly), Monatsübersichten (Monthly), Wochenübersichten (Weekly) und natürlich die einzelnen Tage, in denen du zum Beispiel deine To-dos notierst (Daily).

(Habit) Tracker
Tracker sind Übersichtsseiten, mit denen du z. B. deine Schlafgewohnheiten oder deine Sportroutinen überwachst oder täglich notierst, wie viel Wasser du getrunken hast. Anschließend kannst du nach einer gewissen Zeit sehen, ob du genug schläfst, trinkst und dich ausreichend bewegst.

5 Tipps ...

... für deinen kreativen Start

1 Dein Material

Besorge dir unbedingt ein gepunktetes Notebook, damit bist du flexibel in deinem kreativen Prozess. Es ermöglicht dir viel mehr Gestaltungsfreiraum als ein liniertes oder Blanko-Notebook. Dazu ein paar farbige Fineliner und schon kann es losgehen.

2 Dein Alltag

Überlege dir, wie viele Termine du für gewöhnlich hast, ob du gewisse Planungen, wie z. B. Mittagsessen, Studienzeiten oder Arbeitszeiten festlegen möchtest. Dafür kannst du dir dann extra Spalten anlegen, damit du diese Infos immer auf einen Blick erfassen kannst.

3 Dein Jahr

Eine Jahresübersicht ist absolut empfehlenswert. So kannst du Termine, die noch weiter in der Zukunft liegen, notieren, um sie dann später in den passenden Monat zu übertragen.

4 Dein Tracker

Überlege dir, zu welchen Themen du Tracker anlegen möchtest, ob für Yoga, Hausarbeiten oder sonstige wichtige Themen. Sie helfen dir, dein Leben zu strukturieren.

5 Deine Erinnerungen

Gestalte dir auf jeden Fall einige Erinnerungsseiten in deinem Bullet Journal. Zum Beispiel immer am Ende des Monats.

Material

Bleistift Mit Bleistift kannst du vorsichtig Skizzen anfertigen und deine Seiten gestalterisch planen.

Fineliner und Marker Mit diesen Stiften lassen sich toll Doodles und Schriften zeichnen.

Brush Pens Wer das Brush Lettering beherrscht und üben möchte, kann diese auch im Bullet Journal benutzen.

Textmarker Mittlerweile gibt es die in tollen Pastelltönen statt quietischigen Neonfarben.

Gelroller Gelroller gibt es in allen erdenklichen Farben von Standard über Pastelltöne bis hin zu tollen Metallic-Farben.

Buntstifte Die klassischen Stifte aus der Kindheit setzen super Farbakzente und peppen dein Bullet Journal so richtig auf.

Watercolor Das ist eine sehr wasserhaltige Farbe und für das Papier weniger gut geeignet.
Kleine Elemente, mit deckenderer Farbe gemalt, können aber gut funktonieren.

3 Ideen ...

... um dein Bullet Journal (auch unterwegs) einfach und schnell zu dekorieren

Damit es Spaß macht, dein Bullet Journal mit Terminen und To-dos überhaupt aufzuschlagen, kannst du die Seiten mit ein paar Handgriffen dekorieren, verschönern und verzieren.

1 Washi-Tape-Samples Wickle ca. 5-10 cm deines Lieblings-Washi-Tapes auf eine alte Spielkarte. Je nach Breite passen ein bis drei Tapes auf eine Karte. Diese kannst du dann bequem in den Bullet-Journal-Taschen, im Portemonnaie oder einem Mäppchen mitnehmen.

2 Sticker Sheets Solche Sheets sind sehr praktisch, weil sie klein sind, man sie einfach zwischen die Seiten des Planers oder Bullet Journals legen kann und man meist die passenden Sticker zu einem Thema zusammen hat. In diesem Buch findest du 16 Seiten mit unterschiedlichen Stickern.

3 Stempel Manche Dinge sind schneller mit einem einfachen Stempel gemacht als geschrieben oder gemalt, beispielsweise wiederkehrende Zahlen für das Datum, Monate oder Tage. Dafür gibt es Holz- oder auch Silikonstempel. Für unterwegs bieten sich Silikonstempel an, die es meist ähnlich wie die Sticker Sheets themenbezogen in Sets zu kaufen gibt und die schön flach sind, sodass sie in den Umschlag von deinem Bullet Journal oder deinem Planer passen.

Kleine Motive, Bänder, Kränze, Banner, Buchstaben, Sprüche und weitere Inspirationen sind auf den folgenden Seiten zusammengestellt.

Layoutinspiration

September 17-23
17
MONDAY
18
TUESDAY
19
WEDNESDAY
20
THURSDAY
21
FRIDAY
22/23
WEEKEND
THERE ARE SO MANY
beautiful reasons
TO BE HAPPY

dienstag
27. JUNI
h2o
23°
morgenroutine
dienstbeginn
schule anrufen
emil hausaufgaben
nadine anrufen
abendessen bei steffi
abendroutine

Vorlagen

tuesday

wednesday

saturday

sunday

Monate

januar februar märz april
mai juni juli august
september oktober november dezember

JANUAR	januar	Januar
FEBRUAR	februar	Februar
MÄRZ	märz	März
APRIL	april	April
MAI	mai	Mai
JUNI	juni	Juni
JULI	juli	Juli
AUGUST	august	August
SEPTEMBER	september	September
OKTOBER	oktober	Oktober
NOVEMBER	november	November
DEZEMBER	dezember	Dezember

Januar Februar März
April Mai Juni Juli
August September Oktober
November Dezember

Januar	Februar	März	April
Mai	Juni	Juli	August
September	Oktober	November	Dezember

Wochentage

MONTAG	montag	Montag
DIENSTAG	dienstag	Dienstag
MITTWOCH	mittwoch	Mittwoch
DONNERSTAG	donnerstag	Donnerstag
FREITAG	freitag	Freitag
SAMSTAG	samstag	Samstag
SONNTAG	sonntag	Sonntag

Montag	Montag	MONTAG
Dienstag	Dienstag	DIENSTAG
Mittwoch	Mittwoch	MITTWOCH
Donnerstag	Donnerstag	DONNERSTAG
Freitag	Freitag	FREITAG
Samstag	Samstag	SAMSTAG
Sonntag	Sonntag	SONNTAG

Montag Dienstag Mittwoch
Donnerstag Freitag Samstag
Sonntag

mon 10/01
die 11/01
mit 12/01
don 13/01
frei 14/01
sam 15/01
son 16/01

mon 17/01
tue 18/01
wed 19/01
thu 20/01
fri 21/01
sat 22/01
sun 23/01

montag
mittwoch
freitag
sonntag
dienstag
donnerstag
samstag

Listen

momente
DES MONATS

PACKLISTE

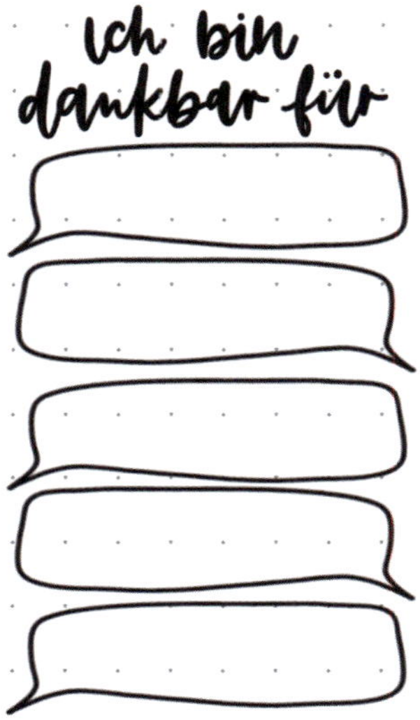
ich bin
dankbar für

GESCHENK
ideen

to-do

PODCASTS

Schriftstile

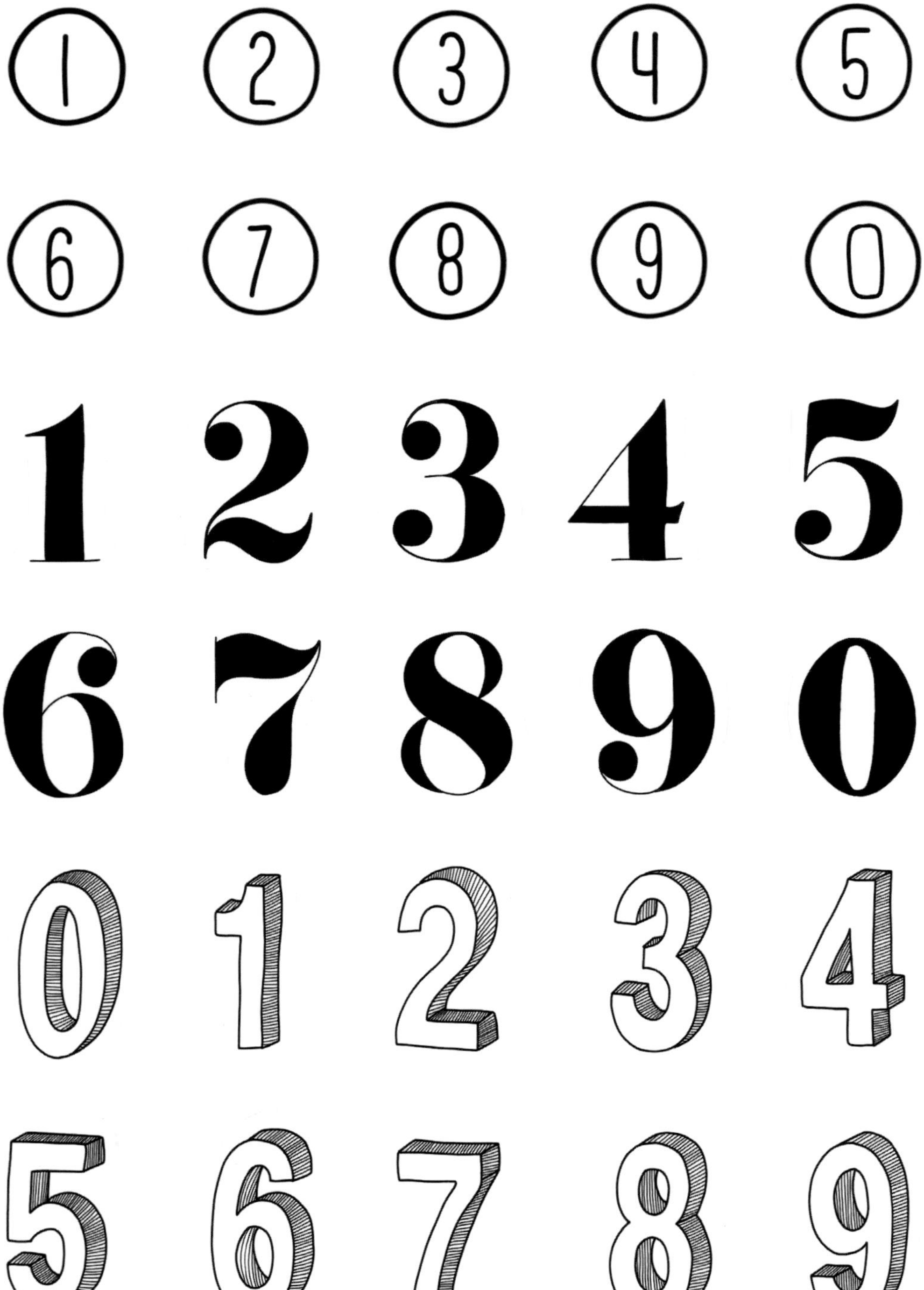
1 2 3 4 5
6 7 8 9 0
1 2 3 4 5
6 7 8 9 0
0 1 2 3 4
5 6 7 8 9

1 2 3 4 5 6 7 8 9 0

1 2 3 4 5 6 7 8 9 0

1 2 3 4 5 6 7 8 9 0

1 2 3 4 5 6 7 8 9 0

1 2 3 4 5 6 7 8 9 0

1 2 3 4 5 6 7 8 9 0

1 2 3 4 5 6 7 8 9 0

1 2 3 4 5 6 7 8 9 0

& von für und

& oder für von

Ecken

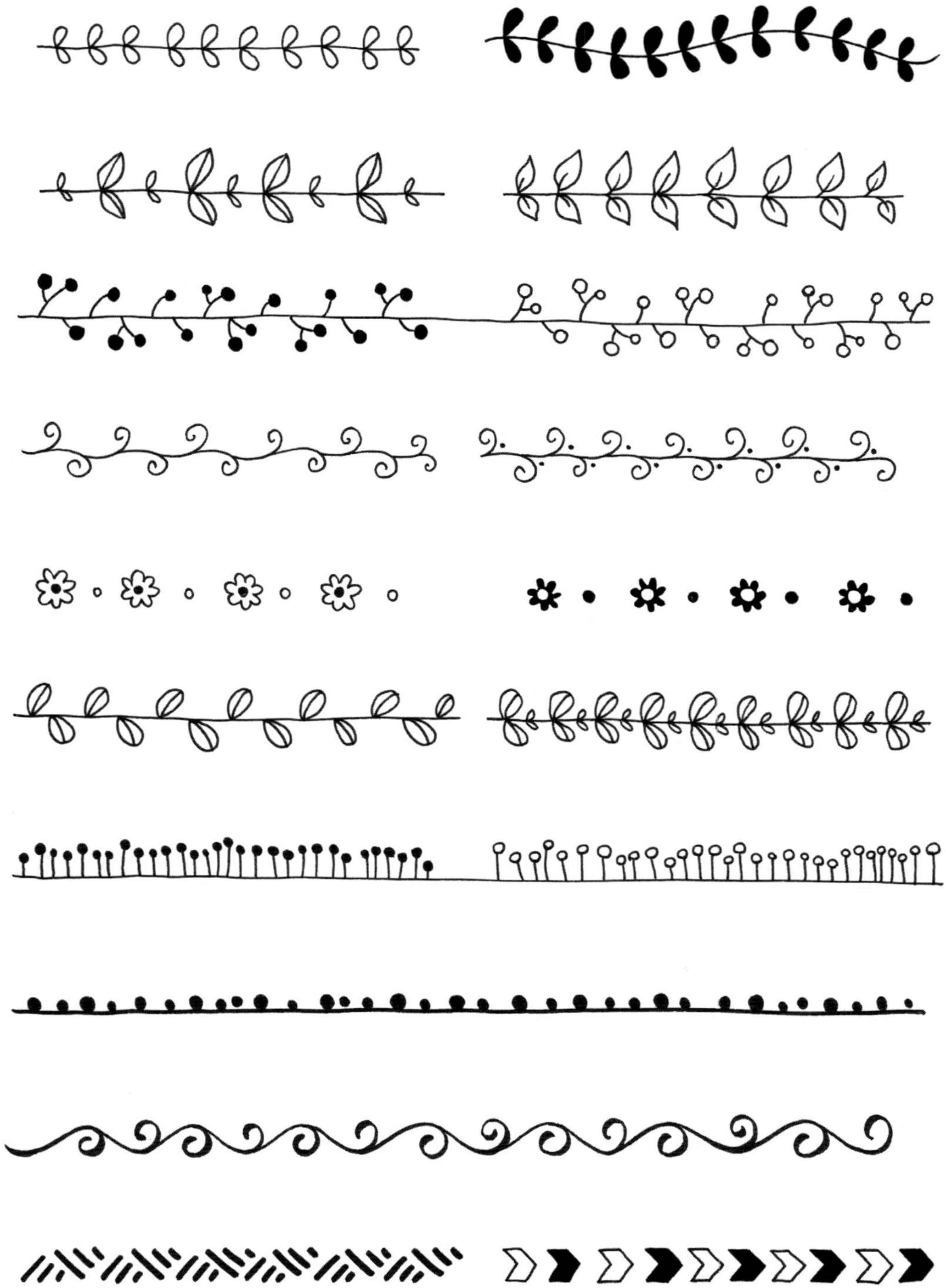

TRICK 17

Life-Hacks, die das Leben leichter machen

Trick 17 Nachhaltig leben
ISBN 978-3-7724-**7726**-3
320 S., SC, € (D) 17,00

Trick 17 Männersachen
ISBN 978-3-7724-**7596**-5
320 S., SC, € (D) 17,00

Trick 17 Essen u. Trinken
ISBN 978-3-7724-**7155**-1
320 S., SC, € (D) 17,00

Trick 17 Alltagstipps
ISBN 978-3-7724-**7009**-7
416 S., SC, € (D) 17,00

Trend “Maker”-Kultur

Kettenreaktions-Maschinen zum Selberbauen
ISBN 978-3-7724-**5343**-4
160 S., HC, € (D) 19,99

Paletten Style
ISBN 978-3-7724-**5342**-7
160 S., SC, € (D) 19,99

Maker. Home.
ISBN 978-3-7724-**7148**-3
160 S., HC, € (D) 19,99

Maker. Outdoor.
ISBN 978-3-7724-**7149**-0
160 S., HC, € (D) 19,99

Escape Room Rätsel

Escape Game 3 HORROR
ISBN 978-3-7724-**7759**-1
128 S., HC, € (D) 19,99

Escape Room Trainer
ISBN 978-3-7724-**4931**-4
144 S., HC, € (D) 12,99

Logika – London 1850
ISBN 978-3-7724-**4932**-1
144 S., SC, € (D) 9,99

Logika – Paris 1920
ISBN 978-3-7724-**4933**-8
144 S., SC, € (D) 9,99

Handlettering & BuJos

Das große Buch der Alphabete
ISBN 978-3-7724-**8333**-2
176 S., HC, € (D) 19,99

Die Welt der Schmuckelemente
ISBN 978-3-7724-**8353**-0
176 S., HC, € (D) 19,99

My Handlettering World: DEIN individueller HANDLETTERING-KURS
ISBN 978-3-7724-**8382**-0
96 S., SC, € (D) 14,99

Handlettering Liebe & Freundschaft
ISBN 978-3-7724-**8376**-9
112 S., SC, € (D) 14,99

Watercolor meets Handlettering
ISBN 978-3-7724-**8363**-9
160 S., HC, € (D) 19,99

Florales Watercolor
ISBN 978-3-7724-**8343**-1
144 S., HC, € (D) 17,99

Watercolor Wild & Free
ISBN 978-3-7724-**8378**-3
128 S., HC, € (D) 17,99

#VerdammtGeileSprüche SCHLECHTE LAUNE
ISBN 978-3-7724-**5373**-1
144 S., SC, € (D) 12,00

Die Mini-me-Zeichenschule
ISBN 978-3-7724-**8380**-6
96 S., SC, € (D) 14,99

Your Life, your Journal
ISBN 978-3-7724-**8360**-8
208 S., HC, € (D) 22,00

Mein Bullet Diary selbstgemacht
ISBN 978-3-7724-**7805**-5
144 S., HC, € (D) 17,99

Täglich KREATIVER
ISBN 978-3-7724-**5087**-7
128 S., HC, € (D) 16,99

Malen & Zeichnen

Die Kunst des Zeichnens 15 Minuten Kompaktwissen
ISBN 978-3-7724-**8278**-6
224 S., HC, € (D) 12,00

Die Kunst des Zeichnens Das Standardwerk
ISBN 978-3-7724-**8269**-4
320 S., HC, € (D) 25,00

Die Kunst des Zeichnens Mythen, Drachen, Fantasy
ISBN 978-3-7724-**8258**-8
176 S., HC, € (D) 16,99

Watercolor Botanicals
ISBN 978-3-7724-**8368**-
160 S., HC, € (D) 25,00

DIY / Basteln

WOW!
ISBN 978-3-7724-**7957**-1
240 S., HC, € (D) 19,99

Schnupperkurs Beton
ISBN 978-3-7724-**5089**-1
80 S., HC, € (D) 9,99

How to make
ISBN 978-3-7724-**5339**-7
160 S., HC, € (D) 19,99

Edle Papierblumen
ISBN 978-3-7724-**5341**-0
144 S., SC, € (D) 16,99

Backen & Genießen

Winterliche Glücks-
momente
ISBN 978-3-7724-**8064**-5
128 S., HC, € (D) 17,99

BACKet-List
ISBN 978-3-7724-**8065**-2
128 S., SC, € (D) 15,99

Blitzdesserts
ISBN 978-3-7724-**8066**-9
160 S., HC, € (D) 19,99

Unvergessliche
Familienrezepte
ISBN 978-3-7724-**8439**-1
128 S., HC, € (D) 16,99

KinderKreativ

Die Kunst des Zeich-
nens für Kinder
ISBN 978-3-7724-**8437**-7
144 S., HC, € (D) 14,99

Das magische Hexen-
Bastelbuch
ISBN 978-3-7724-**8429**-2
80 S., HC, € (D) 13,99

Mein Riesenorigami
ISBN 978-3-7724-**8457**-5
128 S., SC, € (D) 12,99

Das Oma und Opa
Bastelbuch
ISBN 978-3-7724-**8438**-4
128 S., HC, € (D) 15,99

Wir retten die Bienen,
Igel u. Käfer
ISBN 978-3-7724-**8423**-0
128 S., HC, € (D) 14,99

Geniale Experimente
im Glas
ISBN 978-3-7724-**8430**-8
136 S., SC, € (D) 12,99

Basteln mit den Aller-
kleinsten Naturmaterialien
ISBN 978-3-7724-**8422**-3
80 S., HC, € (D) 13,99

Basteln mit Schablonen
ISBN 978-3-7724-**8456**-8
80 S., SC, € (D) 12,99

Nähen

Athleisure
ISBN 978-3-7724-**8172**-7
128 S., HC, € (D) 22,00

Selbst genäht
ISBN 978-3-7724-**8167**-3
192 S., HC, € (D) 29,99

Nähen mit Pattarina
ISBN 978-3-7724-**4803**-4
80 S., HC, € (D) 13,99

Kinderkleidung für Einsteiger · Ganz einfach aus Webware nähen
ISBN 978-3-7724-**8176**-5
128 S., HC € (D) 22,00

Stricken

CraSy EaSyness
ISBN 978-3-7724-**4802**-7
96 S., HC, € (D) 17,99

Mützen stricken by Woolly Wormhead
ISBN 978-3-7724-**4800**-3
128 S., HC, € (D) 19,99

Colorwork Shawls
ISBN 978-3-7724-**8170**-3
128 S., HC, € (D) 22,00

SoxxLook Mützen, Loops + mehr by Stine & Stitch
ISBN 978-3-7724-**8175**-8
192 S., HC € (D) 16,99

Häkeln

Rapidoos
ISBN 978-3-7724-**8171**-0
96 S., SC, € (D) 16,99

Curvy Girls
ISBN 978-3-7724-**8169**-7
144 S., SC, € (D) 16,99

Die wunderbare Häkelwelt der Bommelie
ISBN 978-3-7724-**4805**-8
112 S., HC, € (D) 15,99

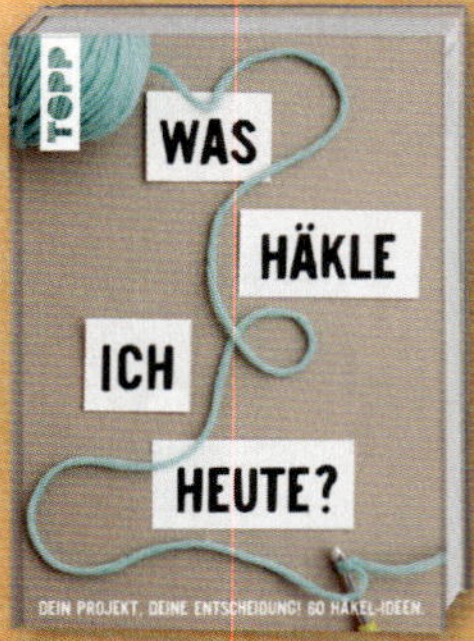

Was häkle ich heute?
ISBN 978-3-7724-**4806**-5
160 S., HC € (D) 14,99

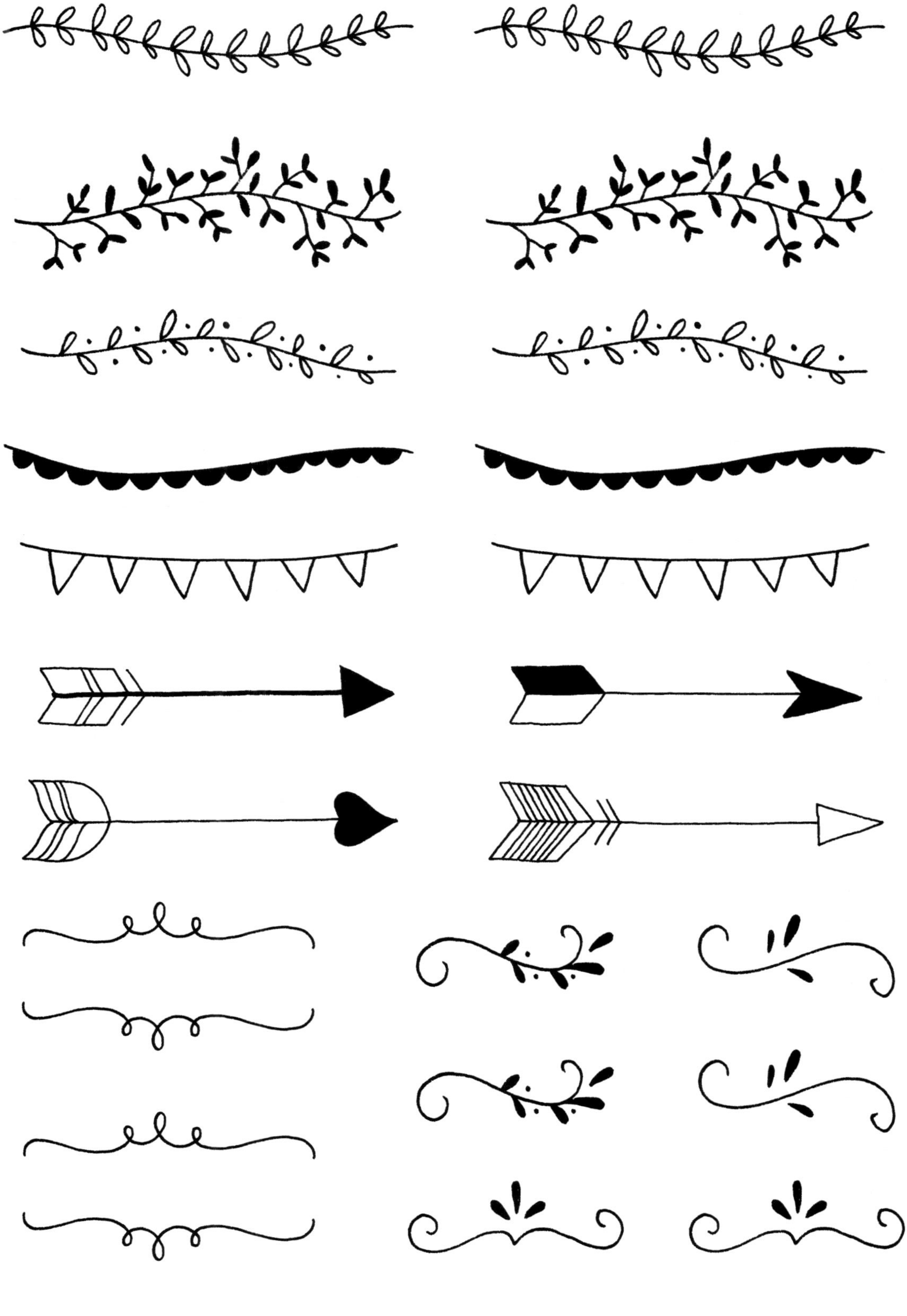

Rahmen

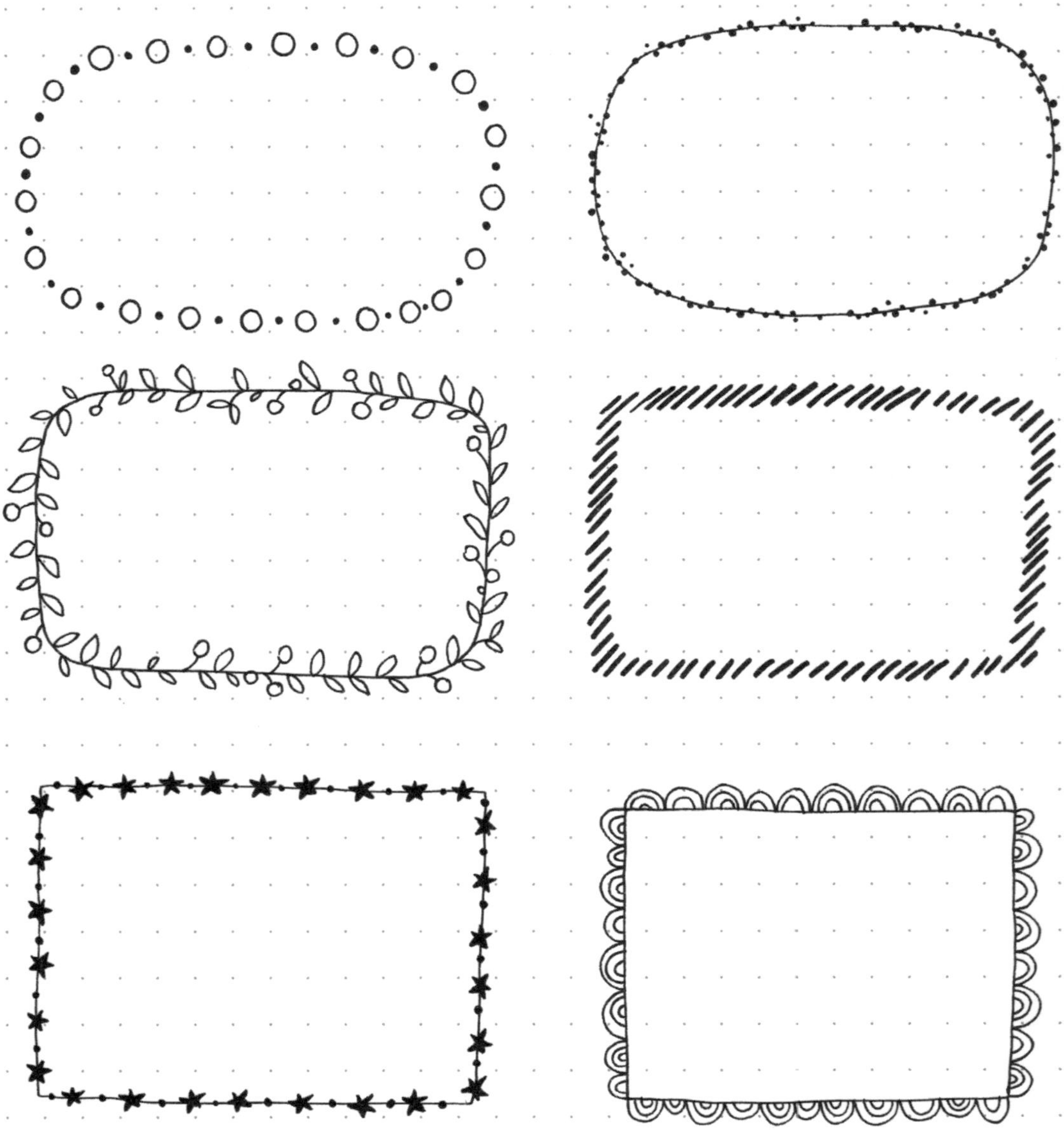

Banner

Banner und Bänder sind tolle Schmuckelemente, um Wörter in Szene zu setzen. Du kannst einfache Banner malen, mehrere Faltungen gestalten und die Banner zudem mit weiteren Elementen verzieren. Mit etwas Übung gelingen Banner in verschiedensten Formen. Hilfreich ist es, sich die Faltung des Bandes vorzustellen oder ein Band zur Hand zu nehmen, zu falten und dann abzuzeichnen.

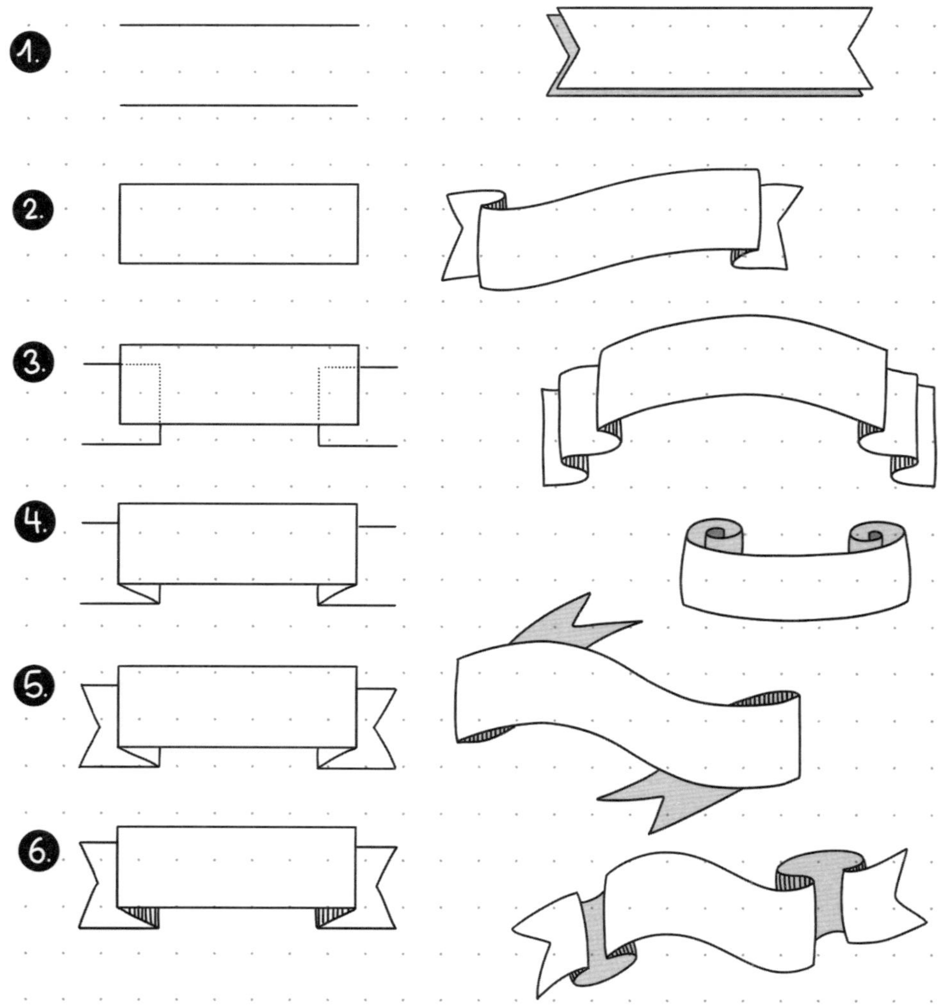

Blüten und Blätter

Monstera

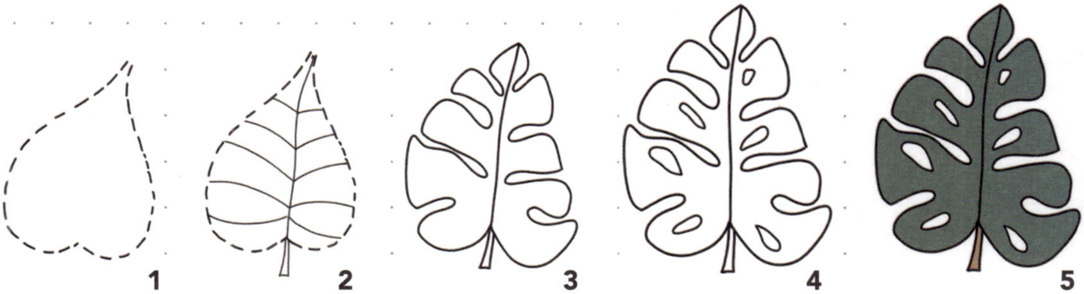

Palmen Zweig

Hochzeit

Auf Reisen

lecker

Journal Icons

- Aufgabe
- o. A. erledigt
- A. verschoben
- A. abgesagt
- notiert
- wichtig
- Frage

- Recherche
- Lesen
- Inspiration
- Mail schreiben
- anschauen
- Abgabe

- Meditieren
- Wasser trinken
- Festival
- Waschtag
- Date Night
- sparen

- schreiben
- einkaufen
- Social Media
- Geburtstag
- Sport

von
das
Hallo
FÜR
mit
von
für
from
AN
UND
LOVE
für
DER
UND
FÜR

liebe
für
dich
von
WITH
mir
FÜR
für
von
von
dich
von
mir
thank you
HI
&
UND
hello
you & me
&
und
die
yay!
Hey
DU
FÜR
der

Alphabet

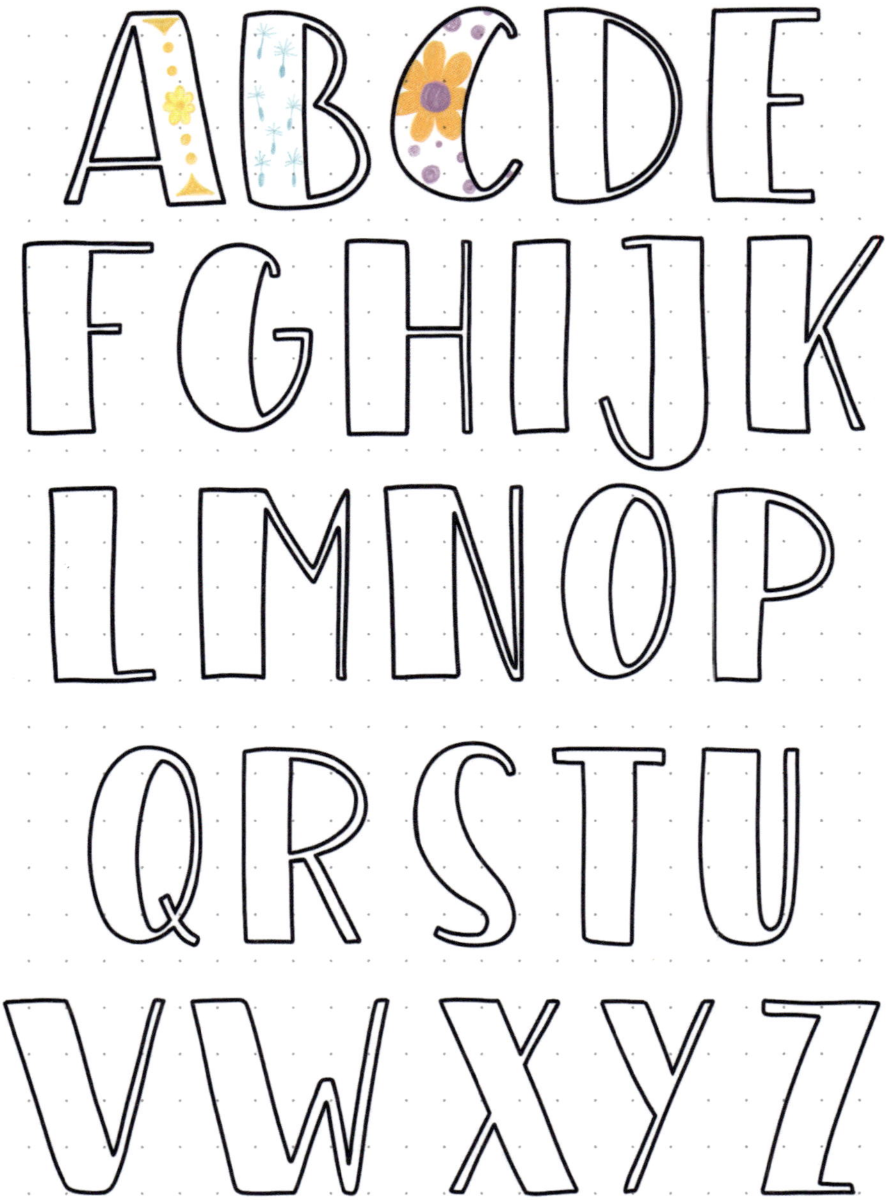

ABCDEFGHIJK
LMNOPQRSTU
VWXYZ

abcdefghij
klmnopqrstu
vwxyz

1234567890

A A A B C C D
D E E E F F G
G H H I I I J
K L T M M N
N O O P P Q
R R S S S T T
U V W X Y Z

A A A B C C D
D E E E F F G
G H H I I I J
K L T M M N
N O O P P Q
R R S S S T T
U V W X Y Z

Brush-Pen-Alphabet

ABCDEF

GHIJKL

MNOPQ

RSTUV

WXYZ

abcd
efghij
klmno
qrstu
pvw
xyz

Druckbuchstaben

ABCDEFGHIJ

KLMNOPQRS

TUVWXYZ

VARIANTE 1

VARIANTE 2

VARIANTE 3

abcdefghij
klmnopqrs
tuvwxyz

variante 1

variante 2

VARIAnte 3

Florales Alphabet

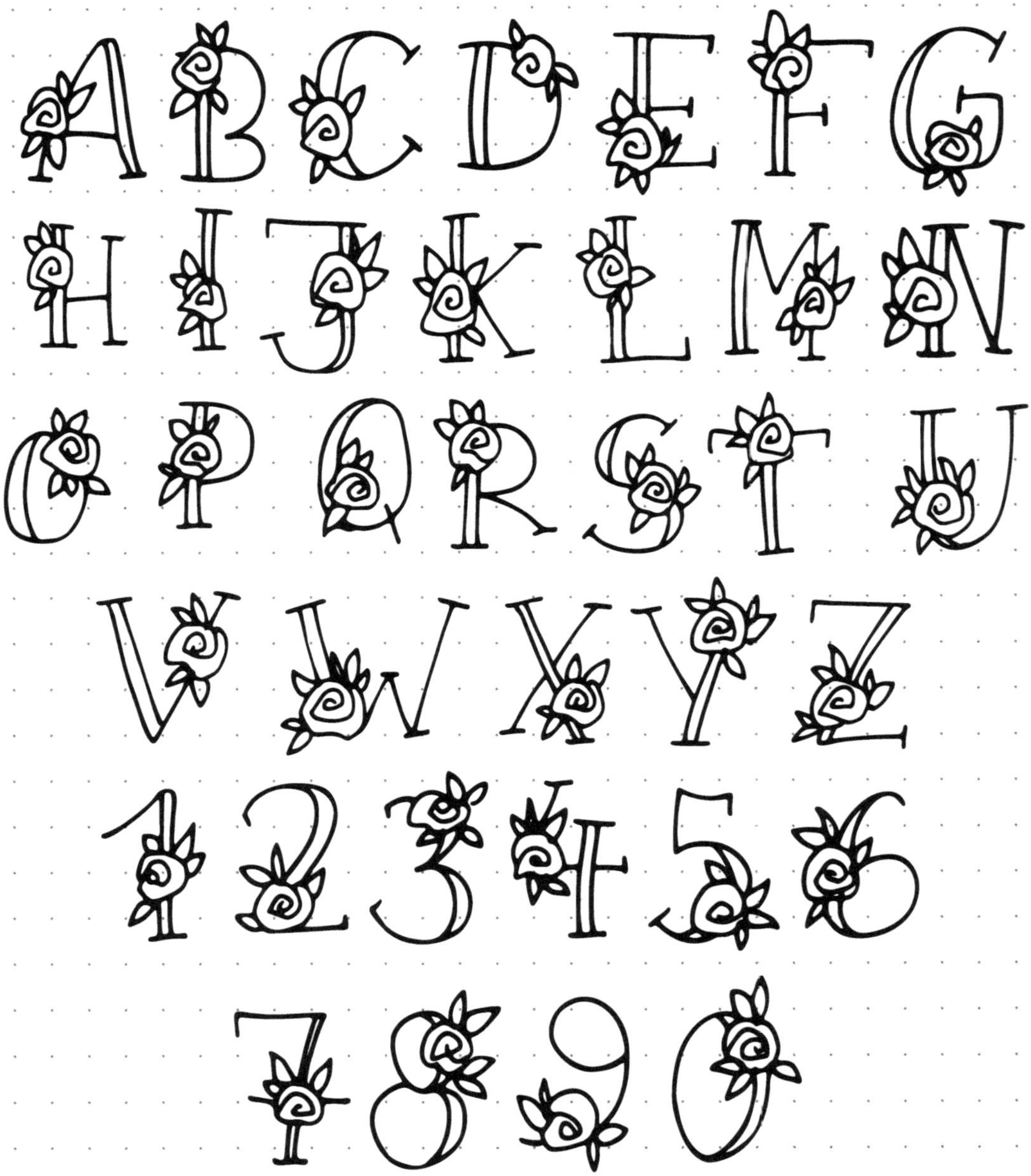

Muster-Alphabet

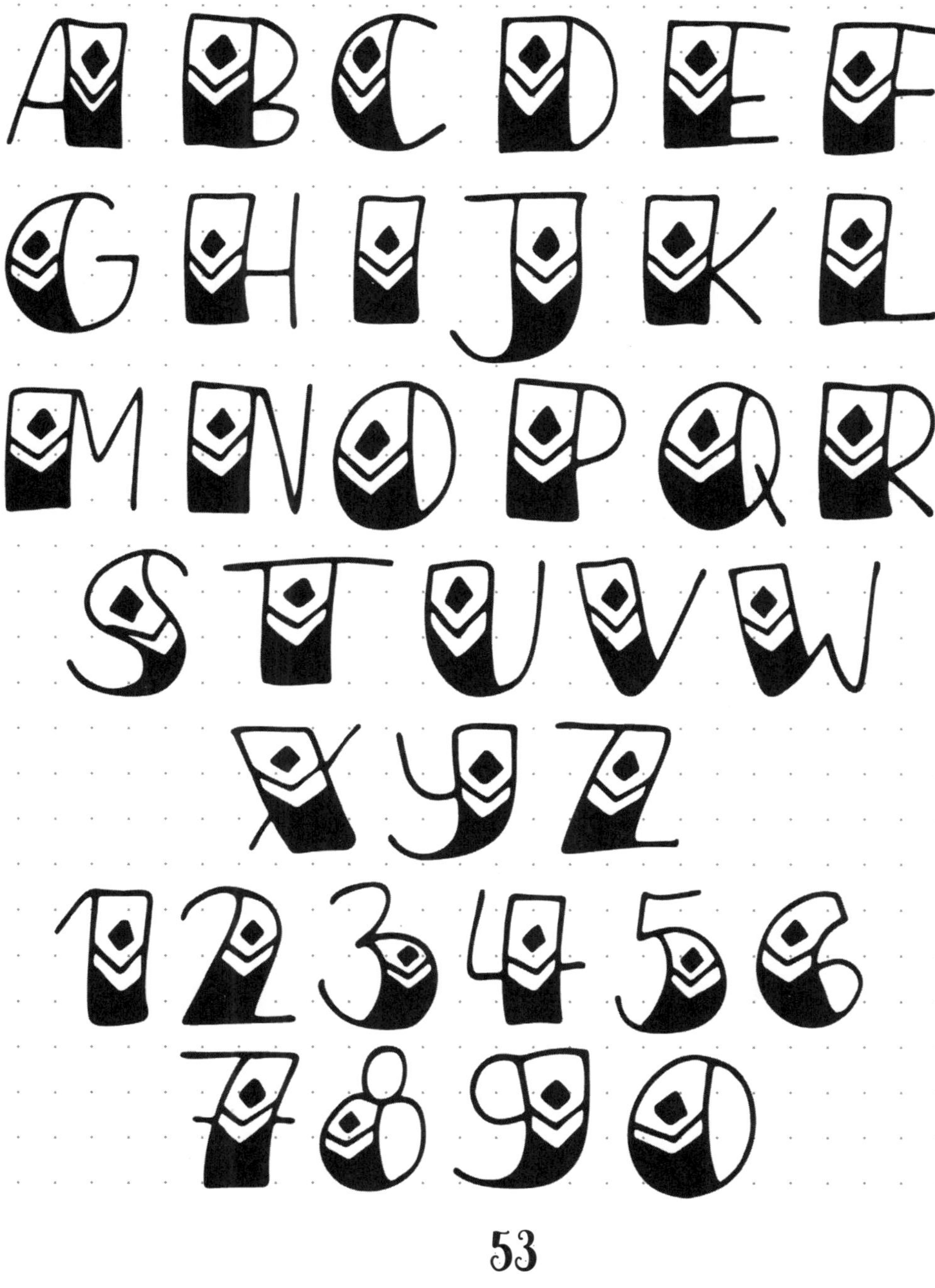

Fatbrush-Alphabet

a b c d e f g
h i j k l m
n o p q r s t
u v w x y z

Sprüche

alles
GUTE
Wünsch
DIR WAS!

ein HOCH
AUF Dich

LOVE

FÜR
Dich

HURRA
DU HaST
Geburtstag
ALLES GUTE!

FÜR DICH

happy
BIRTHDAY

alles
GUTE

alles
LIEBE

Love

LOVE

LOVE

ICH
liebe
DICH

Liebe

Liebe

Frühlingsmotive

Sommermotive

Herbstmotive

Wintermotive

Buchempfehlungen für dich

Noch mehr kreative Bücher zum gleichen Thema gesucht?

ISBN 978-3-7724-4936-9

ISBN 978-3-7724-4937-6

ISBN 978-3-7724-4939-0

ISBN 978-3-7724-4949-9

ISBN 978-3-7724-7171-1

ISBN 978-3-7724-7177-3

ISBN 978-3-7724-7182-7

ISBN 978-3-7724-7183-4

GTIN 4007742180805

GTIN 4007742180096

Dürfen wir vorstellen?
Wir sind TOPP!

Uns, unsere Autoren, Bücher, Sets und viele, viele Bastelideen gibt's nicht nur auf Events und in Buchhandlungen, sondern natürlich auch online:

www.TOPP-KREATIV.de

www.YouTube.com/frechverlag

www.TOPP-KREATIV.de/Newsletter

www.Instagram.com/frechverlag

www.Facebook.com/frechverlag

www.Pinterest.com/frechverlag

www.TOPP-kreativ.de/DigiBib

Impressum

ILLUSTRATIONEN UND LETTERING: Annika Sauerborn (Seite 19-24, 27, 29-32, 34, 38/39, 46-49, 56-61), Kirsten Albers (Seite 28, 44), Monja Becker (Seite 5, 8, 10/11, 13, 15, 33), Ludmila Blum (Seite 3, 54/55), Judith Bohnert (Seite 36), Anne Broszies (Seite 9), Simone Groß (Seite 40), Marieke Krater (Seite 17), Christine Leineweber (Seite 7, 12-14, 25), Judith Ohlmes (Seite 37), Sandra Mesas (Seite 42/43, 45, Charlott Richter (Seite 9), Sandy Seidel (Seite 12, 15, 18), Christin Stapff (Seite 6, 16, 26, 35, 41, 52/53), Olivia Vogel (Seite 50/51)
FOTOS: Monja Becker (Seite 8), Charlott Richter (Seite 9 oben), Anne Broszies (Seite 9 unten)
PRODUKTMANAGEMENT UND LEKTORAT: Hannelore Irmer-Romeo
COVERGESTALTUNG: Sandra Preinl
HERSTELLUNG: Heike Köhl
DRUCK UND BINDUNG: Drukarnia Interak Sp. z o.o.

1. Auflage 2020

ISBN 978-3-7724-4938-3 • Best.-Nr. 4938